Made in the USA
Monee, IL
07 January 2023

24760861R00063